심상시선 125

하늘을 잡아당겼다 품었다

마승희 시집

차례

시인의 말　　　　　　　　　　6

1부 _ 파란 그림

갈래 빛 한가위　　　　　　　　11
그 우물가　　　　　　　　　　12
묵은지　　　　　　　　　　　　14
파란 그림　　　　　　　　　　16
비 이야기　　　　　　　　　　18
맨드라미　　　　　　　　　　20
사진 한 장　　　　　　　　　22
믿어준 마음하나　　　　　　　23
멈춰진 시계　　　　　　　　　24
바라만 본다　　　　　　　　　25
딸과 엄마　　　　　　　　　　26
울 언니　　　　　　　　　　　28
이모 냄새　　　　　　　　　　30
너는 꽃이다　　　　　　　　　32
시래기 된장국　　　　　　　　33
시간여행　　　　　　　　　　34
어린 풍경　　　　　　　　　　36
들놀이 길　　　　　　　　　　38

2부 _ 하늘을 잡아당겼다, 품었다

그때의 철렁임　　　　　　　　42

하늘도 머물고 바람도 담고	44
산다는 거	46
조금 더 눈감고	47
언덕 위 나무 한그루	48
새기며 물었다	50
방황	52
꺽어진 나뭇가지	53
고개 숙인날	54
도시의 외로움	56
그해 겨울	58
책 읽기	60
여린 마음	61
꽃이었나	62
숨 내리 쉬자	63
그 때 내 마음	64
햇살의 위로	66
체념	67
섬 냄새	68
그때는	70
안과 밖	71
겨울 이쯤에	72

3부 _ 다음날은 가을바람 만나자고

게을러도 좋은 겨울날	75
손짓합니다	76
일렁임	77
푸르름 솟는 날	78
복숭아	79

비오는 날	80
빗방울	82
섬	84
그 자리	86
기다림	87
어느 날	88
숲에서 키운 마음	89
연상	90
오월에	92
풀 이야기	93
고향	94
동백섬	95
들꽃	96
젓가락에 핀 가을 잎	97
잎 이야기	98
성가시게 하네	100
산에 가면	102
희뿌연 날	103
그런 날	104

4부 _ 그때는 몰랐는데

들녘	109
어느 하루	110
뛰어가는 꿈	112
구름에 누워	114
마음	115
캔쿤	116
스치며 지나다	118

처방전	120
집으로 가는 길	122
붉은 바다	124
거울	125
한 꺼풀 걷어내며	126
정원	128
생각 말리기	130
서점	132
동거	133
이제야	134
돌, 하나	136
별빛 속에서	138
그때의 너에게	140
어쩌다	141
춤을 출 때	142
시장에 가면	143
이방인의 시선	144
그 길은 어디일까	146
더운 여름밤	148
쉬어가는 시간	150

시평 _ 152
의식의 심층을 스친 자아의 그림자 - 박동규

시인의 말

한 줄의 시로

살갑게 다가가는
바람이고 싶다

하늘도 머물고
별도 담는
쉬어가는
시가 되어

그 누군가
가슴 아리고
힘들 때

공감 되어
머무르는
숨결이고 싶다

꿈꾸고 상상하고
보이고 들리는
그 모든 것들을
담아 보려 한다

물방울에
은은한 들꽃
피어있듯

마 승 희

1 | 파란 그림

갈래 빛 한가위

둥근달
창가에 스민다

고운빛
바람 스치듯
몸에 새기며
다가오는데

만 갈래 빛
가슴에 물들며

어린
그리움이
색동옷에
머문다

그 우물가

그곳은 깊었고
어두웠으며

두근거림으로
까치발 하여
그 안을 훔쳐보며
소리 질러 울림을 들었다

주위를 맴돌며
두레박으로 퍼낸 대야에
몸 담그며
햇살과 물놀이하며
놀던 곳

몇십 년 지난 후
옛집을 찾아가니

우물은 간데없고
수도꼭지만 놓여있다

깊었던 그 길이와
상상의 어린 시절이
덮어져 버렸다

시멘트 발라놓은 그곳에
그나마
덩그러니 놓인
플라스틱 바가지와 대야에서

어린 순간을
두레박 끌듯
집아 본다

묵은지

어릴 적
아파 누웠다 일어난 날

시어진 갓김치에
물 말아 밥을 먹었다

그 군내 나는 맛이
나를 깨웠고
지금도
아프고 나면
그 묵은 맛을 찾는다

그 맛은
고향집
뒷마당 장독대가 그려지고
앞마당의 우물
울타리로 된 탱자나무
감나무 앵두나무까지

어느 곳에 어떤 모습으로
있었는지
내 어린 키높이로
다 기억한다

그 쿰쿰함은
내 어린 시절의
묵은 향기다

파란 그림

만성리 바닷가
까만 모래를 온몸에 묻힌
어린아이는

조그만 주먹으로 한 움큼 쥐어
손가락 사이로 빠져나가는
모래알 감촉을 좋아라며
까맣게 그을린 줄 모르고
온종일 놀고 있다

주위는
파도소리에 부서지는
어른들의 웃음소리
천 막 치고 장사하던
아저씨의 외마디 대답소리

놀다 지친 아이는
수박한덩이 물다
잠들어 버린다

그 하얗고 파란 하늘
그 맑고 파란 바다는

지치거나
쉬고 싶을 때
꺼내는
내 어린 기억의
평화로운
파란 그림이다

비 이야기

장대비를 맞으며 순식간에
다 젖어버렸다
비를 피하자고 우산을 썼는데
아무 소용없었다
장화 속은 절벅절벅
스커트는 감기고
그래 그냥 어쩔 수 없이
파고드는 비는 맞고 말았다

어릴 땐 그 비 다 맞고도
좋아라 하던
풋내 나는 중학생 때
오늘처럼 장대비가 오는 날
파란 비닐우산은
이미 찢겨 나가고
친구와 난 담벼락에 기대
폭포처럼 흘러내리던
빗물까지 맞으며
까르르 대던
기억만 꿈틀댈 뿐

그 웃음소리는
내 옅은 미소로 머금은 채
감기 걸릴까 걱정에
그래도
우산은 놓지 않은 채
꽉 쥐고 있었다

맨드라미

길가 화단에 핀 맨드라미를 보며
순간 웃음이 나왔다

맨드라미는
햇볕에 익어
빨간빛으로 마당을 물들이고 있었다

어린 걸음으로 그 꽃밭을 헤집던 아이가 생각나
몇 발자국 떨어져 바라보았다

어릴 때 그 아인
왜 그리 구석을 좋아했는지

모서리진 구석이 요새인 양
뭔가 풀릴 때까지 그 자릴 지켰고
그러다 지치면
화단에 내려와
비로도 같은 맨드라미를 만지며
놀았다

많은 식구들 중에
끼인 아이는

엄마 치맛자락 같은
촉감을
갖고 싶었나 보다

사진 한 장

낡은 사진 한 장

그 어정쩡한 모습

말하지 않으면
알 수 없는 것들이
눈에
가슴에 남아

다시 볼 때면

아련함이
그리움이
사진 속에
복숭아 꽃잎 되어
뿌려진다

믿어준 마음하나

난 괜찮아 하지만
괜찮지 않은 순간들이
얼마나 많았을까

안갯속의 길들이
보이지 않을 때

떠오르는
엄마가 무심하듯 던진
난 너 걱정은 안 한다
했던
그 한마디

잘 헤쳐 나갈 거라
믿어준
마음 하나가

가느다란 햇살 되어
길이 되었다

멈춰진 시계

며칠째 세시를 가리키고 있다
옆에는 흑백의 가족사진

키 순서대로 줄줄이 세워놓은 애들이 많은데
엄마 아버지 무릎엔 또 어린아이 둘이 안겨있다

반세기 지난 사진들이
초침과 함께 멈춰져 있지만

시계가 움직이면
바라보고 웃고 있는 그 눈길들이
그때와 반대 방향으로 갈 텐데

시골집 가득했던 북적대던
형제들 사이

다투며 지지 않으려 하던
단발머리 쪼그만 아이는
화분 앞에서

해맑게 웃고만 있다

바라만 본다

입학도 하기 전
어린 딸과 아들이
엄마 생일상을
소꿉놀이 하듯 차렸다

촛불도 찾아키고
케이크 비슷한 것도 갖다 놓고
나름 아롱다롱 꾸몄다

그 손길에
감격하여
바라보던 눈길이
엊그제인데

다 자란 아이들
어쩌다 꿈속에서
그런 눈빛
바라본다

딸과 엄마

바이올린 선율은 아직도
나를 슬프게 한다

딸의 열정이 뭔지도 모른 체
하기 싫어하는 악기를
재능 있다며
강요하던 어리석음

현의 떨림이 너의 외침이었다

음이 아름다울수록
그때 들었던 곡이면
가슴 아려옴은 더하다

딸 마음이 이랬을까
얼마나 외로웠을까

그 애도 엄마가 되어
딸을 키우며
똑같은 가슴앓이를
하고 있으면서

엄마 속상할까
말하려 하지 않는다

힘든 거 서로 아는데

멀리 있는
딸의 목소리만으로
가늠하며

아프지 마라
밥 잘 먹어라 한다

딸도 같은 얘기
똑 같이 하고 있다

울 언니

언니는 뉴욕 롱아일랜드
나는 뉴저지

먼 거리였지만
비가 오면
전화가 왔다

뭐 하냐
비 오는데

꿀꿀한데 집에 와라
나는 아무 소리 없이
그 길을 달려갔다

가면
오이 썰어놓고
마른 멸치에 고추장
그리고 소주와 맥주
그건 한국술이었다
바다가 보이는 언니집

둘이는
고향을 마셨다
그리움을 마셨다

그러던 언니
나를 몰라본다

유난히
웃을 때 해맑았던 언니는
좋아하던
코스모스 되어
흔들린다

이모 냄새

엄마한테 야단맞고
근처 이모집에 달려가면

워메 워메
우리 이쁜 새끼 왜 운다냐
아가 이리 와서 불쪄라며
따뜻한 아궁이 앞에 앉혀
마늘이며 옥수수를
구워 주었다

살 없이 마른 이모한테는
마늘냄새와 마른나무가지
타는 냄새가 났다

웃을 때면
햇볕에 그을린 얼굴에
하얗게 나온 앞니가
유난히 돋보였던 이모

시골집
아궁이 불빛 속을
멍하니
다녀왔다

너는 꽃이다

활짝 웃을 때
너는 꽃이 되어 있었다

말할 곳 마땅치 않아
입을 닫았는데

유일하게 바라봐준 너를
꽃이라 부른다

미소가 앞장서고
향기가 따라가는

너는
꽃이다

시래기 된장국

오랫만에 만난 딸의 손이
부드럽고 가녀리다
이 아이가 엄마가 되었다

어느날 느닷없이
여기와서 먹어본 음식중
엄마가 해준 시래기 된장국이
제일 맛있어
아까워서 국물하나 안남기고
다 먹었어 한다

그게 뭐라고…

시래기 된장국에
딸이 보내는
그리움이
담아졌나 보다

시간여행

미국에 사는 울 큰언니가
내 이름을 묻는다
너는 누구니?
잠시 후
다시 묻는다
어릴 적 무용하던
나밖에
기억을 못 한다

언니 이름은 뭐야 하니
내 이름은 아까워서
부를 수 없어요 한다

옆에 계시는 형부를 바라보며
천지에 하나인데
왜 이리 잘 생겼어요 한다

하얀 종이를 물끄러미
잡더니
백지 하나인데
왜 이리 예뻐요 한다

보지 못한 걸 본다

순백의 생각과
숨겨진 언어가 겹친
언니의 몇 마디에

웃다가
가슴에 던져져 버린
아픈
시간 여행

어린 풍경

저 너머 아득한곳에
공기치던
뒷골목이 숨어있고

서정시장
비린내 나는 길목이 펼쳐지고
장날이면
악극단의 요란한 소리에
앞자리 쭈그려 앉아있던
쪼그만 아이

향단이를 보고
심청이를 만났다

뭔지 모를 가슴 저림이
여배우의 치맛자락에 묻혀
어린 가슴에
알알이
박혔다

어디선가 들려오는
판소리에

그때 그 아이는
그리운 미소로
장날의
서정시장을 헤맨다

들놀이 길

일 년에 한 번씩
아버지가 하던 김공장에서는
들놀이를 갔다

장구와 꽹과리 북으로
신명 난 그들은

아침부터 해 질 녘까지
마시고
노래하고 춤추며
그동안의 힘들음을
하루에
햇볕 쏟아내듯
발산했다

흥국사 오는 길의
매화꽃 찬란한 그 길을
갈지자로 걸으며
웃다가
울다가

비틀거리던
그들의 시린 뒷모습이

먼지 속
바람에 흩어진
빛바랜 기억들로

다시 바람에 묻혀온다

2 | 하늘을 잡아당겼다, 품었다

그때의 철렁임

하늘을 잡아당겼다

품었다
다시 놓았다

붙잡았던 새처럼
날아간다

피어오르는
자유로움을
누르기만 하다
누리지 못했다

맘껏 펼치지 못하고
표현도 못했다

그래서
내 젊음은 아팠다

한줄기 햇살을
받으며
눈 감고나니

그때의 철렁임이
아픔이
다 젊음 이었다

하늘도 머물고 바람도 담고

풀이 머금은
물방울

하늘도 머물고
바람도 담고
흐트러지는
형태로
흐르며
간다

산들바람에
살랑이는 순간도
짙은 소나무 향도

스치는
세월이 빗은 향을 쫓아 가다
여기에 와있다

바람이 분다
어디로 가는지
굳이 알지 못해도
애쓰지 않는다

그저 살랑거리는
바람이 좋을 뿐

물방울에
은은한
들꽃
피어있다

산다는 거

사람들은 알거야

쓸쓸함이 간혹 찾아와도
그리 오래가지 않는다는 거

때로는
슬픔에 목이 멜 때도
묵묵히 밥 먹으며
할 일 한다는 거

모든 감각이 무뎌질 때쯤

달빛 가늘게 비치는 날
외로움이 누군가를 부르며
그리워하는 뭉클한 순간

훅 안겨오는 새벽빛에
공허한 밤을 뒤로멘체

아무런 일 없었듯이
단장하고
아침 길을 나선다

조금 더 눈감고

봄볕 비추는 창가에 앉아
눈감고

어디론가
어딘가 가있다

구름은 나를 안고
바다 위를 난다
파란 하늘은 나를 부채질해 주고
바람의 소리로 속삭인다

사랑해
사랑해라
그처럼 아름다움을 왜
상상만으로 머무르는가

조금 더 눈을 감고 있자
남풍 불면
또 어디론가
빨간 동백을 보러 가자

언덕 위 나무 한그루

꿈에서 자주 가는 장소

언덕 위 덩그러니 큰 나무 하나
기대어 앉아있는
소녀의 모습

어릴 적 가봤던 장소인지
허구 속에 만들어진 곳인지
꿈 안에서도 확실치 않다

단지
평온하고
너무나 **평화**로운 나른함과
그 넓은 하늘과 구름

어릴 적 좋아하던
파란 물감 뿌린 빙수 같은
나의 하늘을 바라본다

이제야 어렴풋이
그곳은
나를 감싸주는
소우주였음을
알아차렸다

새기며 물었다

그때의 동해바다는
텅 비어 있었고
까만 바다는
그렇게 많은 말을 쏟아냈다

간이 포장마차에서도 그랬고
내내 부르는 노래 속에도
파도는 요동치며 철썩거렸다

별은 멀리 있지 않았다

떠나지 말라고
기다려 달라고
말은 안해도

그날이
마지막 이란거 알며
태연한 척 했다

팔장을 끼고
비틀거리며
가던 발걸음

모래알에
새기며
그리고 묻었다

방황

하늘이 무너지는 것 같았지만
무너지지 않았다

누가 가르쳐주지 않아도
자유로웠다

침묵은 길었지만
내 심장 소리에 귀 기울이며
멈추지 않고 걸었다

텅빈 하늘이 너무 크다고
중얼거리며
걷고 또 걸었다

밤에 빛나는 별무리 속에
끼어있는 별 하나
나였으면 했다

멀리서 바라보며
찾았다

꺾어진 나뭇가지

휘어진 나뭇가지 정리하다
툭 꺾어진 여인초 가지

큰 잎 버리기 아쉬워
화병에 물 주어 꽂았다

부엌 한편 탁자 위에
한 달이 지나도록
그 모습 그대로다

꺾여서도 당당히 서있는
여인초는

또 다른 나무보다

더 예쁘다

고개 숙인날

마스크 사기위해 밖을 나왔다
끝도없이 긴 행렬에
번호표만 받고
실개천을 걸었다

이 와중에
쑥은 돋아나고
물도 유유히
흐르는데

마스크안의 세상은
느끼는 호흡만큼
답답하게 갖혀있다

그래도
봄맞을 나무가지와
뚝으로 이뤄진
돌 틈새 사이에
새싹이 움튼다

보이지 않는 날 들에
고개숙인
발걸음이 무겁다

도시의 외로움

고층의 빌딩과 수많은 아파트
현란한 불빛과 어둠 섞인 도시

노을 진 하늘의
황홀한 색으로 덧칠되어
잘 섞이지 않는
외로움을 던진다

아파트 사이로 걸어가는
남자의 뒷모습에
매달린 그림자는
하루를 달리다
하루가 진다

하나둘 불빛 꺼지며
까만 어둠이
공허히 내린다

문득
꾸며지지 않는
고향 산천의
반딧불 같은 그리움이
아파트 사이를 난다

그해 겨울

어느새
무뎌진 기억

그때는
풀냄새 나는
깨끗한 시작을 알리는
봄소리 같았다

여름처럼
뜨거움이 공존했던 날들

그렇게 가을이 가고
다음 해 겨울

우린 헤어졌다

흰 눈이 하얀 만큼
맘이 더 시려

어찌 왔는지 모를
그 길을
눈이 되어
영혼 없이 날렸다

흰 눈이 하얀 만큼
맘이 더 시려

어찌 왔는지 모를
그 길을
눈이 되어
영혼 없이 날렸다

오늘도
창문밖에
흔들리던 물결처럼
눈이 나린다

책 읽기

여러명의 주인공이 되고
사실이 되고
허구속에도
감정의 이입은 충실하다
경험하지 못함도
이럴땐 득이된다
몰두의 시간은 늘어나고
조금씩 자란다

여린 마음

새싹 돋아나는 꽃봉오리에
마음 설렌다

길가에 떨어진 꽃잎에
길이 물들었다

할머니가 "곱다" 하며
지나 가는데

할머니의 주름살이
웃고 있다

피어난 꽃이 곱다는 건지
떨어진 여린 꽃잎이
곱다는 건지

할머니가 바라보는
여린 마음인지

머무를 수 없는
아름다움에
보는 마음이
아리다

꽃이었나

이 꽃들이 이리도 예쁘면
어쩌란 말이냐

바라만 보다

누군가
이쁘다 했던 그 말
기억 하며

아 그때는
나도 예쁜 꽃이었구나

숨 내리 쉬자

하늘을 잡고
뭉게구름 잡고
수평선까지 잡아
그네를 타자

산 봉우리 아래
들녘 놓고
푸른 바다 놓아
금빛 모래에
뛰어놀자

갈매기 울고
파도 울고
뱃고동 울면

고향의 소리구나
숨 내리 쉬자

그 때 내 마음

가끔
지난 일들과
사랑에 빠질 때가 있다

나 혼자 그림을 그리고
소설을 썼다

내가 웃는 게 좋다며
뒷걸음치며
뛰던 너

왜 그러냐며
정색하던 나

그때 내 맘은
나도 몰랐다

많은 날이
빛의 속도로 지나고

지금은 그때
노래를 부르고 있다

이제는
구름이 나를 따라올 수 있게
느리게 가고 있지만

새벽 녘 태양이
비추는데
바라보니

영글지 않은
풋풋한
청춘이었다

햇살의 위로

달빛 푸른 빛이
밤새
이부자리 비추다

아침 소리에
슬며시 자리 내주며
떠난다

새벽이 온다

희미한
햇살이

밤새 뒤척이며
바라본

창가의 외로움을
말린다

체념

하늘을 바라보니
눈이 시리다

땅에 서있음이 힘들어
구름 따라 떠돌까 하다

하늘이 너무 파래

그냥
있기로 했다

섬 냄새

금오도라는 섬
밭주인이 지천에 널린
방풍나물을 맘껏 뜯어가란다

손길이 모자라 수확하지 못한
푸른 잎들

무더기로 가로누워
소리치고 있었다
바닷바람에 맞선 당당함은
섬을 닮아있었다

그 방풍나물이
해풍을 싣고 시장에 나왔다

반가운 마음에
까만 비닐봉지에
한가득 담아 오면서

물컹한
바다 냄새
우리 외할머니 같은
섬 냄새가
코 끝에 매달린다

그때는

우리는 마주보면
서로 어색한 웃음으로
고개돌리고

작은 눈빛과
작은 숨소리도 들릴까
바람이 막아주길 바라며
걷기만 했다

복숭아꽃 같던 두근거림
맑은 시냇물같던 조근거림

날리는 꽃잎도
시리게 눈부셨던

그때의
그 풋풋함의
의미 였다

안과 밖

태풍 부는 날
나뭇가지는 부러져 나뒹글고
뽑힌 뿌리는 윙윙 소리 내며
누워 울고있다

바람이 온몸 감아
멋대로 휘젖는다
젖은체 떨며
들어와
안도의 숨 쉰다

뜨거운 차한잔 느제
사납게 요동치는
밖을 바라본다

극명한 안과 밖
가장 고요한곳
가장 깊게 소리내
신음 하는곳

유리창 하나 사이

겨울 이쯤에

내가 지나간 이곳
바람 스산하게
불 것이고

가지에
눈덮인 산길에

하얘지는 마음 하나
멈춰 있을 것임을
안다

높은 하늘 한번
쳐다보며
이 겨울쯤에
아팠던 기억

이곳에
떨궈논다

3 | 다음날은 가을바람 만나자고

게을러도 좋은 겨울날

거친 바람소리
창문 두드려도
못 들은 척 실 눈 뜨고
바라만 본다

마당에
지나가는 새소리 한참이고
햇살 간지럽히는 창 흔들림도
이불속만큼 따뜻하다

발가락 꼼지락 거리며
조금만 더 하며
웅크린다

부지런한 아부지
날 보며
오늘도 배 아프냐
하시는 소리
들리듯 하다

좀 게을러도 좋은 겨울날

손짓합니다

가지만 남은 주왕산은
바위가 말을 합니다

이끼 낀 모습으로
헐떡이는 숨을
받아 줍니다

몇 잎 안 남은 잎새는
저마다의 외로움으로
흔들립니다

발걸음이 느려질 때쯤
찬바람이 재촉합니다

겨울이 오라고
손짓합니다

일렁임

남쪽 바다 끝에 서서
섬을 바라본다

큰 파도 일렁임이
그리웠나 보다

먼 길 달려왔는데
이 포구는 너무 잔잔하여
요동친 가슴만 무안하다

바람과 햇살은
소금물 섞인 냄새 속에
환히도 웃고 있다

바다 끝 섬은
언젠가 가 보겠다 했던
그리움이었다

멍하니 바라보는 동안
바다는
너울 치지 않고
큰 마음 내준다

푸르름 솟는 날

숨죽인 어둠을 걷어내고
햇살이 뿌려진다

들판에 수채화가 그려지며
새벽 보리밭은
푸르름으로 솟아난다

이슬 머금은
노란 유채꽃밭은
바람에 실려 춤추고

그 출렁이는 노란 물결 속
잊힌 냄새 찾듯
숨 크게 들이마시며

파란 보리와
옅은 유채꽃 사이를
어린 소녀 되어 뛰어논다

복숭아

그렇게 여린 꽃잎으로
흔들리더니
복사꽃 지고

얼마나 많은 시간이
뽀얀 피부로
내실 다졌을까

그러기까지
어디 햇볕만 있었을까

익어가는 동안

표면의
작은 솜털 까지도
보일 듯 말 듯
있는 듯 없는 듯

비오는 날

밖에 비는 요란히 퍼붓고
유리창엔 흔적들이 변하고
멀리 뵈는 푸른색 네온등은
어둠이 퇴색한 빛으로
다가온다

할 말을 비에 섞을까
비가 될까
창문가로 모여드는 빗방울들
흘러내릴 때
같이 흘러내린다

비가 요동치듯
마음도 요동치는데
그것도 잠시
빗물 튀기듯 내 허망도 튕겨나간다

비에 젖은 눅눅한 날
나는 다시 잔잔히
"비가 내리고
음악이 흐르면
난 당신을 생각해요"

마음으로 노래 부르며
빗물이 되어버린다

빗방울

유리창에
빗방울이
지문을 남긴다

흐르는 선이
그림을 그린다

한 방울 떨어진 위로
또 다른 빗물이
흐르고

흐를 곳을 찾도록
내버려 두지도 않은 채
정해진 길 없이
다른 길을
내기도 한다

그 빗물 자국이
곱기도 하고
아리기도 하다

빗방울 방울
얘기가 담겼으나
그냥 말없이
내릴 뿐

섬

현무암 사이
수많은 기공 속
씨앗하나 날아와 핀 들꽃

조개와 소라껍데기로 쌓은
돌담 사이
널린 빨래
삐죽 보이고

뒤로는 청보리
앞은 일렁이는 바다
가파도 섬

평소와 다른
이 바람과
이 냄새에
설레며
심장이 뛰는 내가 좋다

바라만 보는 섬이었을 때도 그랬지만
섬에 왔을 때도 그랬지만
돌아가서도
섬이 되어 있을지도 모를 나는

지나면
시간 지나면
또 그리울 것이다

그 자리

조용히 앉아있는 조약돌이
서늘한 강바람에 단련된 듯
겉으로는 무게를 짊어진 듯
무겁게 가라앉아 있으나

빛이 물살에 무너져 내릴 때
거침없는 물살이 무수히
스치며 지나갈 때도

흐르는 물이
쉬었다 가는 시간이 좋았다고
그 흔들림도 좋았다고

조약돌은
말없이
그 자리 지킨다

기다림

더운 여름날
바다도 맘속에 철렁이고
갈매기도 날으는데

열기 오른 아스팔트 위를
실 같은 밤바람 맞으며 걷는다

어슴프레 가로등 아래
풀들도 거친 숨 내쉬며

서로 안쓰러워
바라본다

내일은 시원한 비 맞고
다음날은 가을바람 만나자고…

어느 날

나무에 물 주고
잎사귀 다듬고
빨래 널고

남한산성 거닐다
도토리묵 사 오고
조촐한 상 차려먹고

음악 들으며
멍하니
먼산 바라본다

햇살 참 좋다

나른한 오후
비쳐오는 햇살이
바람에 눕는다

곁에 누워 보니
하늘이
내 안에 있다

숲에서 키운 마음

심호흡 크게 하며
나뭇잎 사이 쏟아지는 햇살을
오롯이 받는다

마음은 풀어헤친 체로 날뛴다

계곡은 거친 숨소리 사이
쉬임 없이 노래하고

등줄기 땀 몇 방울 흐를 때쯤이면
난 이미 숲에 안기어 있다

바람이
구름이
나무향이
내 맘에 심어졌다

자유가 내린다
숲이 내린다

연상

겨울 옷 벗을 정도의
적당한 빛이
온몸을 깨운다

이미 집을 나섰다는 거에
상기되어

구름 같은 뭉실함으로

눈을 감고
귀는 열고
산에 눕는다

아직은 차거운 바위에
내 생각 앉혀놓고
바라본다

풀 냄새에
솔바람에

움트는 봄 소리가

두근거리던
꽃 같은
잃어버린 날이

연 노란 산수유 되어
피어 난다

오월에

날은 이리 좋은데
어떡하니

꽃도 저리 치장하며
보아 달라하고
초록이 날 부르고
이 하얀 꽃은 왜 이리
가슴에 와 점이 되는지

그냥
좋으면 웃자
꽃처럼
오월처럼
환히 웃자

이 계절이 가기 전에
마음에 피어나는
꽃하나 피우자

풀 이야기

이슬 맺힌 풀잎이
마음 흔들고
나는 눈감고 바람을 맞는다

언젠가 속삭였던 너의 언어가
숨어있다 피어난
풀이 꽃되어
춤을 춘다

그때 푸른 하늘이 내게로 온다
흘러가는 구름은 제갈길 가지만

기억이 머물러있는
풀 냄새가 좋아
차마
자리 뜨지 못하고

바라만 본다

고향

그 비릿한 냄새
정겨운 말투

내 어린 기억이
동백처럼 물든 곳

지고 피고 몇 해가 지나
간혹 잊고 지낼 때도

흐린 듯 선명한 듯
가슴 한편 자리해

가끔 숨 크게 쉬고
열어젖힌 마음이
빗살 환한 바다와 만난다

이끼낀 돌담사이
동백꽃이 지천이다

귀에서 파도가 논다
여기구나 문득 문득 그리던곳

동백섬

그 빨간 꽃이
섬을 물들이면

섬은 바다를 장악하고

사랑을 모를지언정
사랑으로 피어난다

빨간 입술
붉은 마음
내밀으며
찬란히 노래하다

동백은
툭
송이채 낙화하며

꽃다움을
바다에 전한다

꽃이 지는 바다는
애꿎은 바위섬만
철썩인다

들꽃

발길 떨어지지 않고
너의 향에 묻혀
바라만 보다

그 숱한 바람과
햇살에 기댄 널

한번 만져보고
쓰다듬다

얼굴 가까이 대며

꽃 닮고 싶어
꽃 흉내 낸다

젓가락에 핀 가을 잎

시장에서 사 온 참나물
다듬다 보니
줄기하나 누렇게 뜬 잎 있어
골라
한편으로 치웠다

그곳에 놓여진 젓가락에
노란 참나물 잎
얹혀지니

주위가 환해지며
젓가락이 나뭇가지로 변해
노란 잎이 웃고 있다

순간에 퍼진 미소

부엌 한켠에
가을이 왔다

잎 이야기

잎은 매달리고
떨어지고
쌓인다

먼저 떨어진
빛바랜
낙엽 위로
샛노란 은행잎이 덮으며
그 위로
불타는 단풍이 내린다

요와 이불

형상이
눈부시게 아름다운데
쓸쓸함이 날린다

그렇게 가는
세월인가 하다

다음 해
봄날 되면

새싹
뾰죽 내미며
배시시 웃을
어린 연두 잎

성가시게 하네

시장 바닥에 앉아
파 다듬던 할머니

올라믄 오고
말라믄 말지

왔다 안 왔다
성가시게 구네

중얼거리며
애꿎은 하늘만
쳐다본다

먹구름 타고 온
빗방울

파 단 위로
후드득
떨어진다

좌판 챙기는 손길이
바빠진다

산에 가면

산새 소리를 담는다
숲을 담는다

이파리 하나를
돌멩이 하나를 가슴에 품는다

햇살 안 간 응달을
눈여겨본다
햇빛난 양지도
그리 좋다

어쩌다 핀 꽃이라도 보면
내 젊음의 표정이 다가오는 것 같아
금방 안아주고 싶다

어디서 쉬어야 할지
어디서 꺾어져야 하는지

이제는 아는 길인 듯
한숨 돌리며

바람 소리의 서사를
놓치지 않는다

희뿌연 날

한치앞이 안보인다
안개라면 축축히 젖은
기분이라도 있으련만
모든 찌꺼기들이
떠 돌아다닌다

이런날은
낯설고
서투르고
답답하기만 하다

마스크는
청량한 날을
이제야 기억해 낸다

망막에 연기낀듯
희뿌연 마음부터 걷어내면
아무것도 아닌것처럼
가벼워 지려나

먼지 날아가듯...

그런 날

매일 걷는 길에
활짝 핀 능소화
흐드러지게
피어있는 날

목줄 한 강아지
내 냄새 맡으며
꼬리치고

마주 오는 아저씨
쳐다보며 웃네

푸른 하늘은
치마폭처럼 싸 앉고
새는 맑은 소리로
머리위서 논다

그런 날이 있다
살포시 웃음 지어지는 날

별일 없어도
발걸음 가벼운 날

바라보는 눈길이
햇살이구나

4 그때는 몰랐는데

들녘

아무 소리 들리지 않던
적막한 들판
그때는 몰랐는데
정말 아무것도 몰랐는데

텅 빈 들녘은
소리들이 있었다

달래는 소리
요동치는 소리
깊이 여무는 소리

바람 타고
들녘이 달려온다

연인을 안을 자세로
바람을 맞이한다

들녘의 소리가 들린다
이제야...

어느 하루

하늘거리는
이쁜 옷을 입고
집을 나섰다

그냥
걸었다

햇볕이 받고 싶고
바람 냄새도 맡고 싶고
살랑대는 바람에
박자 맞춰
춤추고 싶었다

옹기종기 모여 있는
비둘기에 말 시키고
지나가는 강아지에
눈 맞추며 웃는다

사소하지만
그런 걸 원했다

나비 되어
파란 마음으로
마실을 다녀왔다

뛰어가는 꿈

자유로운
시간이 되었다

지금
또 다른 별을 보며
꿈꾼다고
누가 뭐랄까

무모함이 아닌
고요함으로
꿈을 꾸지
고운 꿈

아직 난
동화 같은 꿈을 꿔

해맑은 웃음 띠운 채
아이가 되어

고무신 공장 뒷편
가득 찬 토끼풀밭에서
꽃 팔지 만들어준
그 애와

나비 쫓아
뛰어가는 꿈

구름에 누워

가을 하늘이
높디높은데

눈부셔 보지 못한
빛이 뿌려져 내린다

구름에 매달린
또 다른 구름

철들지 않는
마음 깨워

코스모스 한 아름 안고
구름에 누워

어디든 떠나보자
숨만 쉬지 말고

마음

파르르 떨리는
풀잎을 담아

담요 덮어
덥혀 주어

온기로 눈 맞춘다

안 보이는곳
그늘져 있는 너를

햇빛 살드는 양지에
펼칠 거야

마음으로
피울 거야

캔쿤

바람이 건드린다

스쳐 지나가는 상냥함이
간지럽게
머물러 있듯 하다
떠나고
다시와 안기며

머리칼을 쓰다듬고
옷맵시 흐트러 놓고
휙 가버린 살랑임에

몸 돌려

빛나는 태양
푸르디푸른
이국의 캔쿤

바다만
한없이
바라본다

이 순간만
잡을 수 있다는 것을
알기 때문이다

스치며 지나다

그의 모습이 어땠는지
기억이 뚜렷이 없지만

굵은 저음의 목소리에
눈빛은
깊었다

던진 말들은 심오하기 짝이 없어
그냥 바라보며 웃었고
그는 그런 나를
물끄러미 쳐다보았다

그때 든 생각은
언어는 그리 많이
필요한 게 아니었다

거리의 풍경은 곱기만 한
감미로운 봄날

그런다고
머무를 수 없던 봄날은
어느 틈엔가 흩어졌고

몇십 년 후의 어느 날
길을 걷는데

그 봄바람인 듯
훅 스치며
지나간 바람

처방전

미국동부 뉴저지와 뉴욕을
매일 오가며
열심히 일하던중
감기가 심하게 걸렸다

버티다 병원을 갔으나
기침은 심해만 가고

별차도가 없자
좀 멀리 있는
한국인 의사가 있는
내과를 찾아갔다

마르고 지극히 **평**범하게 생긴 그는
기침을 심하게 하는 날 본 후
"콩나물국 **따뜻하게 끓여드세요**"한다
이 한마디에
오는 내내 눈물이 그치지 않았다

그 말이 그렇게 울일인가 했지만
콩나물국이 주는 고향의 언어와
그리움과

그가 나를 짠히 보며 던졌을
엄마 같은 위안이
다 담겨 있었다

그것은
내가 받은
최고의
처방전이었다

집으로 가는 길

발걸음은 어김없이
골목길로 접어든다

낡은 시멘트 떨어진 사이
삐져나온 오래된 흙

감나무 얼굴 내민 기와집과
그 담장을 파고드는 넝쿨
깨진 화분사이 잡초와
골목중간쯤 늙은 호박 쌓아논
건강원에서 흘리는 약초냄새 까지

어릴 적 놀이터이던
골목길의 정겨운 만남
흔들리는 겨울을 잡아준다

골목길 벗어날 쯤
차가운 입김이
눈부신 대로변 햇살들과 만나
겨울 바람에
하얀 구름으로
흩어진다

붉은 바다

바다 끝과 파도 끝을 잡고
저무는 구름의 마음을
담아내며
붉은 바다에 잠긴다

꺾인 마음
부서진 조각들에
덧없는 헛웃음을 흘린다

허허로움에
다시 입술을 댄다

해안선 끝자락
오징어 배잡이 불빛은
식탁 간접조명 되어
흔들리고

빨간 포도주 잔
바라보다
허툿한 마음
붉은 바다를 삼킨다

거울

동공 안에 가득 담고 싶어도
흘러넘쳐 못 담았던
아름다운 순간들

기억 속에
꼭 꼭 담아두었던 그때를

괜찮은 척 해도 안될 때
하나씩 꺼내
바라본다

절절히 바라보던 눈길
헤아려 주던 마음
두 손 잡고
해맑게 던진 웃음들

예전의 풋풋함은 없지만
세월을 잘 견뎌내온
잘잘한 주름살이

거울 속에
성숙의 표정으로
바라본다

한 꺼풀 걷어내며

한 꺼풀 걷어내며

하늘은 넓은 품을
던지고 흘러간다

태양은 선인장 가시 같은
빛을 쏟아낸다

눈꺼풀 사이 시선은
흔들리며 바다를 찾고

철썩이는 소리를 듣고자
배경을 그린다

미역 냄새의 비릿한 짠내까지
끌어온다

반복한다
또 반복한다

한 꺼풀 한 꺼풀
생각을 걷어내며

천천히
섬집 아이가 되어

<u>스르르</u>
눈을 감는다

정원

집안 곳곳에
나무들이 서있다
시들어 가는 잎을 정리하다
새싹 돋는 잎을 보며
가슴 뛰는 하루를 시작한다

꽃 떨어진 동백은
고향을 부르고
늘어진 벤자민은 능수버들인 냥
강가로 데려가고
아레카야자는 외딴섬에
나를 눕힌다

여인초는 커다란 잎으로
부채질하며
외로움을 나누고
보스톤은 숲의 냄새로 유인한다

가끔은
거칠어진 마음과
힘들어 지친 날을

내 정원의 나무들은
늘 그래왔듯이
말없이 바라보니

나도
그들의 숲 안에
하나의 나무가 되어 서 있다

나를 피우며
나를 키운다

생각 말리기

비 내리고
어둠이 깔리고
틀어논 음악은
튕겨 나가듯
흡수가 안된다

감정의 소모가
쓰일 때 써야 하는데
감정의 플라스틱은
녹지 않은 채
방안을 헤맨다

언어의 진동이
언어의 파장이
어느 날은 노래로
어느 날은 날카로운 소음으로
파생된 조각이
부서져 날린다

머리가 아프다
창문을 열고
비를 끌어 들어맞을까
좋은 생각들이
갇혀 버렸다
아깝다

내일
햇볕 나거든
꿉꿉한 습도를
빨래 말리듯
바람에 말리자

서점

나는 어떠냐고
소리 없는 웅성임이 나를 유혹한다

현란한 모습으로
세련되게도
점잖게도
겉으로 치장한 체
가지런히 얌전히 있다

냄새를 맡으며 촉각으로 찾는다
안엔 어떤 게 있을까
그냥 안 가져도 넉넉하다

분위기 자체가 익숙한 듯
맘에 드는 것 하나 들고
귀퉁이에 앉아

연인 보듯 설레며
조심스레 한 장 넘긴다

동거

껍질 벗겨진 나무
소철나무 곁가지 옆
세워놓으니
푸른 나무인 양
무뚝뚝 서 있다

언젠가부터
나무가 쳐다본다
나이테로 견주려 한다

허물 벗겨지는 걸 바라본다
일상을 다 보고 있나

고목나무는
거실 식탁 옆
옷걸이로 살고 있다

함께
햇볕을 쬐고 있다

이제야

그때
눈에
별이 흔들렸다

달이 너무 밝아
슬펐다

청파동 골목길을
돌아올 때
쫓아오는 그림자에
외로웠다

이제 알 거 같다

여기 오기까지
별이 지는 것도 보고
하늘이 노랗다는 것도 알고

그리고

다시 푸르게
넉넉히
바라보는 것도
알았다

돌, 하나

계곡에서
돌 하나 주웠다

손바닥 만한
물결 모양의
납작한 돌

거친 물살에
부대끼며
차갑고
외롭게
흔들리다

주름 잡힌 모양으로
구르고 굴러

정지된 순간도
흐르는 시간도

돌 하나에

툭
얹혀 놓는다

별빛 속에서

여행을 갔다
돌아오는 길에

친구들과 열차 안에서
하루 이틀 더 놀자며

구두를 벗어던지고
산골밑 가게에서
제일 싼 고무신 사 신고
들길 산길을 걸었다

폭포 옆 아주 작은방에
여자 셋이 누워
창호지 바른 문을 열어 놓은 채
별을 바라봤다

우리는 아무 말이나 하며
아무렇게나 웃어 젖히고

젊음의 나이로
각자 외로움을
부르짖었고 그 노랫소리는
큰 폭포 소리를 이겼다

그 까만 밤에
쏟아지는 헤아릴 수 없는 별빛은

우리들의 빛나는 밤이었다

그때의 너에게

속삭이던
언어 속 사이로

그 바람이
그 기억이
흩날릴 때

그냥 스쳐가지
않길 바라며

여린 가슴으로
못다 한 말들

바람 실리듯

두 팔 벌린
그때의 너에게
달려가 본다

어쩌다

낮은 목소리로
감싸주던 이름

잊었다 했는데

어쩌다
비가 오고
눈이 오고
찬바람 불면

살갗 스치며
다가와

이름 불러주는
낮은 목소리

춤을 출 때

자유롭게 흔들리는 몸짓
바람 불듯
물결치듯
그렇게 놔 버렸지

숨소리 거칠어질수록
표현은 본능적으로
그려졌던 순간

젊은 날의 열정의 춤은
조명이 감각되어
퍼졌다

살아있는 환희
무대가 좁듯 날리던
몸의 표현은

젊은 날의
가장
아름다운
나의 시였다

시장에 가면

파릇함이 좌판을 깔고
온갖 사투리와
구수한 입담으로
흥정이 오간다

냄새와 뒤섞인 소음속

사람들 틈에 섞인체
구경꾼이 돼있다

할머니가 내논 광주리속
봄동 세발나물 냉이 몇가지 골라

덤까지 정스럽게 받았다

아지랑이 되어
피어오르는

시골 들녘의
봄을 캐왔다

이방인의 시선

LA의 작은 마을 Plyer Vista
길거리에 높이 놓인 탁자에
한가로이
노트북이나 태블릿을 놓고
작업들을 하고 있다

슬며시 옆에 앉아
같은 햇볕을 쬐며
나는 나대로
그들의 **평화로움**을 즐긴다

따스한 오후
야자수 사이로 눈부신 햇볕이 춤춘다
이방인으로서의 외로움과 자유로움이 공존한 체
혁신적인 분위기 속에
펼쳐진 자연은
빛깔 그대로 푸르다

모습은 달라도
눈 마주치면 웃어주는 상냥함에
눈가에 미소 잡힌 햇빛은
따스하기만 하다

그 길은 어디일까

뉴저지 저지시티라는 곳에
둥지를 틀었다

사거리
빨간 벽돌건물 3층

바라보이는 풍경은
회색빛 거리에
나와 다르게 생긴 사람들로 오가고
들리는 말조차 생소했다

부엌 창문에서 바라보는
한 길은
약간의 언덕길
어느 부분까지만 보이고
길의 끝은 하늘과 닿아
끊긴 길이었다

저 길로 가면
어디일까

막연한 궁금증과
상상은
외로움과 서투름 속에
또 다른 세상을 그렸다

배부른 모습으로
창문밖을 바라보며
지나던 그 시간이

오늘
또 다른 창문에
투영된 그 길

더운 여름밤

남들은 하던 일도 그만하고
쉬어야 한다는 나이에
디지털 디자인에 손을 댔다

컴퓨터와 태블릿에
전화기까지 켜놓고
이리저리
눈이 바삐 돌아간다

디지털 속에 빠져
새로움과
건조함과
간혹 번뜩이는 반짝임과
느림의 좌절이 고루 섞여

화면에 늦은 기교를
그려낸다

늦은 밤
머릿속이
하얘진다

눈감고 별을 봐야겠다

이 더운 여름밤

쉬어가는 시간

넘어지면 벌떡 일어나
옹골차게
아무렇지도 않은척
퍽이나 애썼다

이젠
안그럴란다

넘어지면
그냥 좀 앉아있다
무심한 하늘도 쳐다보고
고르지 못한 땅 탓도 하며
아프다 신음소리도 내가며

천천히
천천히 걸으면서
흐드러지게 핀 매화꽃도 보고
땅에 떨어진 매화잎도
보면서...

마승희의 시집에 관하여

박동규 시평

의식의 심층을 스친 자아의 그림자

마승희의 시집에 관하여

의식의 심층을 스친 자아의 그림자

박동규 (문학평론가, 서울대 명예교수)

 마승희 시인의 첫 시집에 담긴 시편들을 대하면서 인상적인 점이 그는 감정의 골을 타고 흐르는 정서적 요동을 자연스럽고 침착하게 그려내고 있다는 것이다. 그가 「심상」에 등단한 것은 2020년이다. 그의 시가 지금까지 한결같이 지니고 있는 자아라는 문제에 대한 시인의 집념은 아마 그가 왜 시를 써야 하는가 하는 문제를 해결하는 열쇠가 될 것이다. 두 번째는 자연의 변화와 삶의 감상적 회고가 테두리를 만들어주고 과거적 이상이 그의 시에 등장하고 있다. 이 회고는 그의 생애가 가진 행로를 생각하여 볼 때 당연한 것이 아닌가 생각한다. 그는 미국 뉴욕 건너편 뉴저지로 이민 가서 살았다고 한다. 그러다가 다시 한국으로 귀국하여 살고 있다. 이 거대한 지역적 차이가 주는 가장 두드러진 것은 자연환경의 차이와 나와 다른 인종 차이에 산다는 정서적 이질감에서 느끼는 감정적 반응일 것이다. 자연스럽게 시의 소재에 등장하는 자연의 양식은 그가 살아온 자리 즉 자연과 인연에서 그의 시적 관심이 달라져 있다고 할 수 있다. 끝으로는 그의 지닌 과거라는 시간에 담겨진 회상의 사건들이다. 이 회상의 기억을 사건이라고 할 수 있는 것은 그가 겪은 삶의 애증을 보여주는 현실적 증언이 되기 때문이다. 이러한 작품의 성향을 중심으로 마승희 시인만의 독특한 시적 개성을 드러내 보여주고자 하는 것이 이 글의 중심된 목적이 될 것이다.

1. 먼 시간의 회로에 **엉킨** 삶의 이야기

  마 시인은 어린 날의 기억을 생생하게 기억하고 있는듯하다. 시를 통해 알 수 있는 그의 유년과 가족을 중심으로 한 생활이 어찌 보면 그에게는 생명의 연대를 증명하는 문서처럼 확연하게 자신을 알게 하는 근거가 된다. 그의 유년은 그가 살아가는 모든 삶의 시발(始發)이며 이 시발은 그가 지구를 돌면서 겪는 동안 그를 지배한 모든 삶의 전망에 뿌리를 내리게 하는 것이었다고 보여진다. 다음 시를 보자.

>만성리 바닷가
>까만 모래를 온몸에 묻힌
>어린아이는
>
>조그마 주먹으로 한 움큼 쥐어
>손가락 사이로 **빠져나가는**
>모래알 감촉을 좋아라며
>까맣게 그을린 줄 모르고
>온종일 놀고 있다
>
>주위는
>파도소리에 부서지는
>어른들의 웃음소리
>천 막 치고 장사하던
>아저씨의 외마디 대답소리

놀다 지친 아이는
수박한덩이 물다
잠들어 버린다

그 하얗고 파란 하늘
그 맑고 파란 바다는

지치거나
쉬고 싶을 때
꺼내는
내 어린 기억의
평화로운
파란 그림이다

- 「파란 그림」 전문 -

  이 시의 배경은 만성리 바닷가이다. 아마 어린 날 바닷가에 나가서 온종일 모래사장에 앉아 있던 시인이 살던 곳이리라 보여진다. 시에서 어린 날 모래사장에 나가 모래를 한 줌 손에 잡고 살살 풀이 놓던 기억을 불러오고 있다. 어른들은 천막을 치고 장사를 하며 사람들과 어울리느라 어린아이들은 그들끼리 놀고 있어야 했다. 그때 어린 그를 달래고 그가 의지하던 사람들은 장사하는데 만 신경 쓰고 그를 돌볼 시간도 없었다. 그에게는 그들이 저 편의 피안적 대상이었기에 '하얗고 파란 하늘 그 맑고 파란 바다'만이 그의 외로운 울타리였고, 그런 시간에 그의 시야에 잡힌 하늘과 바다의 **평화로운** 풍경은 하나의 그림이 되었다. 즉 시인의 유년을 말하는 추억의 사진 한 장이었다. 이 시에서 느끼는 것은 유년기의 그는 자유로운 그만의 공간에 **평화롭게** 지낸 것이지만 현실적인 시각에서 보면 자연과 함께 할 수 있는 성장을 하였음을 보여준다. 그가 중학생으로 자라면서 천천히 자아라는 인식이 커갈 무렵의 시는 성장기의 기록이라기보다는 그만이 가진 유별난 성격의 특성을 보여준다. 다음의 시를 보자.

저 너머 아득한곳에
공기치던
뒷골목이 숨어있고

서정시장
비린내 나는 길목이 펼쳐지고
장날이면
악극단의 요란한 소리에
앞자리 쭈그려 앉아있던
쪼그만 아이

향단이를 보고
심청이를 만났다

뭔지 모를 가슴 저림이
여배우의 치맛자락에 묻혀

어린 가슴에
알알이
박혔다

어디선가 들려오는
판소리에

그때 그 아이는
그리운 미소로
장날의
서정시장을 헤맨다

- 「어린 풍경」 전문 -

    이 시는 시인이 살던 어린 시절의 시장 풍경을 그리고 있다. 시 제목에 유별나게 '어린'이라고 붙인 것은 아마 어린 눈으로 자라며 보았던 시장의 사실적 감각을 담은 표현이라고 생각된다. 그리고 이 생각을 근거로 한 이 시는 그의 머릿속에서 판소리라는 고전적 음악에 젖어들게 하는 단초가 되었지 않나 생각한다. '서정시장'이리는 치열한 생존의 자리에서 어린 그에게는 또 다른 생활에서 벗어나는 신기한 문화와의 접촉을 '악극단'이 연출하는 공연과 춘향전과 같은 고전적 전통적 예술 양식이 그에게 '예술이라는 꿈의 언저리'를 지니게 해 준 것이 아닌가 보여진다. 그는 이를 통해서 고전 무용을 공부하는 길을 선택한 것이라고 생각할지도 모른다. 이 시는 그의 솔직한 삶의 고백이어서 눈물자국이

묻어 있는 듯한 환상을 가지게 하는 흐름으로 짜여져 있다. '뭔지 모를 가슴 저림이 여배우의 치맛자락에 묻혀 어린 가슴에 알알이 박혔다'라는 것은 바로 그가 이 체험의 기억을 통해서 꿈의 실체를 어렴풋이나마 가지게 된 것이다. 그리고 이 유년기는 시인이 고향을 떠나 이국에 가서 살 때 그는 이 유년기의 기억을 고향의 원형으로 설정한 점도 눈에 띈다.

2. 자연을 거울로 한 무의식적 진술로 세워진 자아

마승희 시인은 예민한 감성의 소유자인가 보다. 그는 비 오는 날이라는 날씨의 변화에 따른 감정적 굴곡을 세밀하게 그려내고 있다. 그가 자라면서 생성된 외로움에 대한 자의식은 자연스럽게 '혼자' 혹은 '보이지 않는 가족'과 연관되어 있는 경우를 볼 수 있다. 다음의 시를 보자.

> 밖에 비는 요란히 퍼붓고
> 유리창엔 흔적들이 변하고
> 멀리 뵈는 푸른색 네온등은
> 어둠이 퇴색한 빛으로
> 다가온다
>
> 할 말을 비에 섞을까
> 비가 될까
> 창문가로 모여드는 빗방울들
> 흘러내릴 때
> 같이 흘러내린다

비가 요동치듯
마음도 요동치는데
그것도 잠시
빗물 튀기듯 내 허망도 튕겨나간다

비에 젖은 눅눅한 날
나는 다시 잔잔히
"비가 내리고
음악이 흐르면
난 당신을 생각해요"
마음으로 노래 부르며
빗물이 되어버린다

- 「비오는 날」 전문 -

    이 시의 화자는 '나'이다. 창가에 앉아서 빗물이 유리창을 타고 흘러내리는 것을 보고 있다. '비'에 관한 내포적 의미의 확대는 '불행'이나 '비운' 혹은 '우울' 등 감정의 어두운 면에 상관하는 경우가 많다. 이 시도 예외는 아니다. 어둠이 비에 젖어 퇴색한 빛으로 다가오는 창을 보면서 '창문가로 모여드는 빗방울들 흘러내릴 때 같이 흘러내린다'는 표현에서 보듯이 빗방울과 함께 가슴에 올라오는 알 수 없는 눈물이 빗물처럼 흘러내린다고 한다. 비가 요동칠수록 마음도 격하게 흔들리며 비와 닮아간다. 나도 언젠가 비가 내리는 날 시내 어느 조용한 카페에 앉아 차를 마실 때였다. 비가 조금씩 내리기 시작하더니 얼마 있지 않아

쏟아지기 시작했다. 무겁던 마음이 점점 어둠에 잠기며 눈물이 흘러내리기 시작했다. 나는 민망해서 얼른 고개를 돌렸지만 눈물은 한참만에야 그칠 수 있었다. 나는 생활에서 느끼는 허망함이 준 눈물에 잠시 빠져 있었던 것이다. 이 시는 이런 분위기를 가지고 있다. 그리고 암시적으로 그이가 생각나고 입을 열지 못했던 사랑한다는 심정을 노래에 담아 스스로를 위로한다. 그렇지만 이 사랑은 빗물에 섞여 있음을 알게 된다. 시인은 말하지 못한 사랑의 암울한 이야기를 빗물을 통해 정화한다는 뜻이다. 마 시인은 내성적인지 모른다. 그러나 그에게는 사물에 투영된 마음결을 찾아내고 이를 시로 빚어내는 것은 그만의 시 세계를 이루고 있는 것이다. 마 시인의 다음 시를 보자.

조용히 앉아있는 조약돌이
서늘한 강바람에 단련된 듯
겉으로누 무게를 짊어진 듯
무겁게 가라앉아 있으나

빛이 물살에 무너져 내릴 때
거침없는 물살이 무수히
스치며 지나갈 때도

흐르는 물이
쉬었다 가는 시간이 좋았다고
그 흔들림도 좋았다고

조약돌은
말없이
그 자리 지킨다

- 「그 자리」 전문 -

이 시는 조약돌을 소재로 한다. 이 시에는 담담한 톤으로 조약돌이 물살을 거슬러 자리하고 있음을 보여준다. '거침없는 물살이' 조약돌을 깎아 내며 지나갈 때에도 비록 둥글게 모난 곳이 '그 자리'를 깎여 가지만 '그 자리'를 떠나지는 않는다. 이 시는 어찌 보면 운명처럼 물살과 싸우고 있지만 물러서지 않는다는 뜻도 된다. 시인은 아마 그의 본질을 지키며 세상을 살아간다는 것을 조약돌에 투사하고 있는 것 같다. 인간이기에 세상과의 접합을 통해서 언제나 변할 수 있고 변해야 견딜 수 있는 것이다. 이를 시인은 흔들림이라고 상징하고 있다. 이 상징의 폭은 넓어서 시련의 흔들림이라고 보여진다. 이 시련의 시기를 '쉬는 시간'이라고 시인은 말하고 있지만 이를 흔들림으로 보며 이를 극복하는 것이 조약돌의 진면모라는 점을 드러낸 것이다. 시인이 자연과 '자아'의 동질적 관계를 만들어 이를 시로 담는 것을 보면 그는 서정시의 본령이 뿌리를 내리고 있고 이 뿌리를 통해서 그의 무의식적 심리상태를 움직여 나가는 것이라 보여진다. 다음 시를 보자.

겨울 옷 벗을 정도의
적당한 빛이
온몸을 깨운다

이미 집을 나섰다는 거에
상기되어

구름 같은 뭉실함으로

눈을 감고
귀는 열고
산에 눕는다

아직은 차거운 바위에
내 생각 앉혀놓고
바라본다

풀 냄새에
솔바람에

움트는 봄 소리가

두근거리던
꽃 같은
잃어버린 날이

연 노란 산수유 되어
피어 난다

- 「연상」 전문 -

    이 시는 하루 동안 생활 속에서 일어난 자연과의 만남을 차곡차곡 펼쳐놓고 있다. 마 시인의 시적 기법의 하나로 보여지는 것이지만 행로(行路)를 따라가는 진행형을 보여준다. 그는 양철집 방 안에서 비가 오면 지붕에서 흘러내린 물이 모여 관을 타고 내려가며 흘러가는 소리가 요란하고, 이를 듣고 이 소리가 주는 흐름의 유동처럼 그런 의식의 이동을 시에 사용하고 있다. 이 시 역시 집을 나서서 산에 오르는 과정으로 되어있다. 그리고 어느 바위에 앉아서 봄이 오는 소리에 귀를 기울이고 있다. 이 과정에서 바위는 차지만 봄이 오는 기색을 느낄 수 있다. 이 속에서 얻은 것은 '두근거리던 꽃 같은 잃어버린 날'이다. 그는 차가운 바위의 온도에서도 세상이 가고 있음을 안다. 이 감촉의 흔적은 그에게 '산수유'로 피어나는 변신의 꿈을 가지게 한다. 산수유를 닮아 보고자 하는 시인의 욕망은 가버린 것 위에 피는 꽃이기 때문이다. 아름다운 산수유로 환생하는 꿈은 삶의 저편에 아직도 기다리고 있어 아름다운 전망을 잃지 않고 있음을 말해준다. 비록 산수유로 피어날 수 없음을 잘 알면서도 이렇게 '산수유 되어 피어 난다'고 하는 것은 시인의 욕망이 가진 상상적 세계의 가치를 자연 속에서 그려낸 것이라 할 것이다.

그 비릿한 냄새
정겨운 말투

내 어린 기억이
동백처럼 물든 곳

지고 피고 몇 해가 지나
간혹 잊고 지낼 때도

흐린 듯 선명한 듯
가슴 한편 자리해

가끔 숨 크게 쉬고
열어젖힌 마음이
빗살 환한 바다와 만난다

이끼낀 돌담사이
동백꽃이 지천이다

귀에서 파도가 논다
여기구나 문득 문득 그리던곳

-「고향」전문 -

이 시는 제목이 밝히듯이 시인의 고향을 보여주고 있다. 그런데 이 시에서의 고향은 '자연'이 중심되어 있다. 그리고 특이한 점은 사람이 아닌 말투를 고향의 특색으로 내 세우고 있다. 그는 자연과 인간의 특별한 인연에 주목하고 있다고 보여진다. 먼저 고향을 그려내는 중심어는 '말투' '동백섬' '환한 바다' '동백꽃'으로 형상화하고 있다. 말투라는 것은 지역적 성격과 삶의 고유한 특성에 근거해서 생겨나는 언어적 변형의 하나이다. 그러기에 바다에 닿아 있는 이들의 삶에서 우러나오는 자연스런 그들만의 소리이다. 그리고 동백섬은 '이끼낀 돌담사이 동백꽃이 지천'으로 핀 곳이다. 이 붉은 동백꽃이 주는 외로운 열정을 시인은 기억하고 있다. 그리고 '열어젖힌 마음이' 되어버리게 하는 바다는 그에게 멀리를 꿈꾸게 하고 열린 세계를 그리게 하는 대상이다. 그의 고향은 바로 그의 삶의 바탕인 동시에 살아가는 동안 그의 생명이 뿌리를 내린 토양으로서 그만의 개성을 있게 한 원형이다.

3. 자아의 발견과 진실한 생명가치에 대한 사색

마 시인의 시에 드러나는 또 한 가지의 특색은 '자아'라는 존재에 대한 끊임없는 탐색의 자세이다. 그의 시에는 '나'라는 화자가 많이 등장한다. 이 나를 화자로 할 때 시 쓰기에 좋은 점은 객관적 사실이나 논리적 이유를 벗어날 수 있다는 점이다. 그런 면에서 마 시인은 이를 통해 자유롭게 살아있는 한 인간의 내면을 그대로 의식의 흐름에 따라 보여주고자 한 것이라 보여진다. 다음의 시를 보자.

하늘거리는
이쁜 옷을 입고
집을 나섰다

그냥
걸었다

햇볕이 받고 싶고
바람 냄새도 맡고 싶고
살랑대는 바람에
박자 맞춰
춤추고 싶었다

옹기종기 모여 있는
비둘기에 말 시키고
지나가는 강아지에
눈 맞추며 웃는다

사소하지만
그런 걸 원했다

나비 되어
파란 마음으로
마실을 다녀왔다

- 「어느 하루」 전문 -

이 시에서 화자인 '나'는 하나의 존재로써 시인의 대행자로 그만의 길을 나서는 것으로 시작하고 있다. 시인이 자신의 본질적인 모습을 드러내는 것과 사회적 존재로써의 자아를 만들어내는 것은 서로 대칭적 관계라고 볼 수 있다. 그런데 주목해볼 점은 사회 안에서의 그를 그려내려 한 것으로 보이지는 않는다는 점이다. 그렇다면 분명 본질적 존재로서의 자아를 보여주는 것이다. 마 시인은 하늘거리는 이쁜 옷을 입고 거리에 나왔다. 햇볕이 받고 싶고, 바람 냄새도 맡고 싶고, 살랑대는 바람에 춤도 추고 싶다. 극히 일상적 삶의 행태이다. 그러나 이 말의 내포는 인위적 도시 환경이나 도시 문화와 접합을 원하는 것이 아니라 햇볕, 바람 그리고 꾸미지 않은 춤이 대상이다. 그러다가 그가 만난 것은 비둘기와 강아지이다. 비둘기와 서로 교감을 나누고 강아지와 서로 눈길을 따뜻하게 교환한다. 이는 지극히 일상적으로 보이지만 인간세계와는 다르다. 마승희라는 시인만이 바라보는 세상을 말하는 것이다. 그는 이를 '사소하지만 그런 걸 원했다'고 했다. 그리고 이 행적을 '나비 되어 파란 마음으로 마실을 다녀왔다'고 했다. 그는 이 이름 밑에 그만이 원하는 욕망이 무엇인가를 밝히고 있다. 마 시인의 본질에는 자연과 교감하며 그가 원하는 사람으로 살아가고자 하는 점을 밝힌 것이다. 다음의 시를 보자.

    자유로운
    시간이 되었다

    지금
    또 다른 별을 보며

꿈꾼다고
누가 뭐랄까

무모함이 아닌
고요함으로
꿈을 꾸지
고운 꿈

아직 난
동화 같은 꿈을 꿔

해맑은 웃음 띠운 체
아이가 되어

고무신 공장 뒷편
가득 찬 토끼풀밭에서
꽃 팔지 만들어준
그 애와

나비 쫓아
뛰어가는 꿈

- 「뛰어가는 꿈」 전문 -

 꿈이라는 것은 그가 살아가는 하나의 지향인 동시에 삶의 의지를 만들어내는 산실이 된다. 마 시인의 시편들 속에서 많이 등장하는 어휘 중 하나로 '꿈'이 있다. 이 꿈은 연상의 대칭처럼 나비와 함께 있다. 그런 사정을 생각하며 이 시를 살펴보면 먼저 그는 '자유'를 얻은 시간 그에게 어디라는 지향을 설정하기 위해서 꿈이 등장한 것이다. 이 꿈은 다름 아닌 어린아이가 되어 나비 쫓아 뛰어가는 꿈이다. 이 꿈의 내용은 어린아이 시절에 별을 꿈꾸며 자유롭게 성장해서 무엇이 될까 하는 막연한 실체가 없는 자유로운 삶에 대한 것일 수 있고, 해맑은 웃음의 양지에 살고 싶어 하는 낙원에 대한 꿈일 수 있다. 그리고 고무신 공장 뒷편에서 만나 그 애와 토끼풀밭에서 꽃 팔지 만들어주고 놀던 시절과 같은 순수한 사랑에 관한 꿈일 수 있다. 마 시인의 이 꿈이 지금도 잃지 않고 있는 것은 이루어지는 꿈에 대한 욕망이 아니라 그가 살아가는 이유를 제공하는 꿈이기에 아직도 '나비 쫓아 뛰어가는 꿈'이 되는 것이다.

이제 마승희 시인의 첫 시집에 관한 글을 마치면서 내가 알고 있는 시인과 시와의 상관에 대해 몇 가지를 제시하려 한다. 마 시인은 눈이 커서 그런지 눈물이 어른거리는 눈처럼 보일 때가 있다. 그는 감수성이 풍부해서 무용, 그림, 시 쓰기 등 다양한 재능을 보여주고 있다고 들었다. 항상 마른 몸으로 그의 말을 따라 '나비처럼 춤'추며 살고 싶어 하는 예술인지 모른다. 다만 시에서는 그는 기억의 회전(回轉)을 통해서 유년에 지녔던 순수하고 자유로움에 대한 꿈을 마치 어두운 길을 밝히는 등불처럼 가슴에 품고 있다는 것을 보여준다. 그리고 그의 이러한 집념이 시를 쓰게 하는 힘이 아닌가 여겨진다.

첫 시집에서 보여준 것에 따라 그의 여리지만 강한 집념이 담기고, 눈물 어린 슬픔을 보여주면서도 어깨춤처럼 이를 뛰어넘는 나비의 춤을 가꾸어가는 시정신을 기대하게 한다. 시집 발간을 축하한다.

초판 인쇄일 2023년 12월 4일
초판 발행일 2023년 12월 4일
지은이 마승희
발행인 박근정
발행처 심 상

06788 서울특별시 서초구 양재동 353-4 청암빌딩 2F
TEL. 02-3462-0290
FAX. 02-3462-0293
출판등록 제라-1696

값 12,000원
© 마승희
ISBN 979-11-85659-40-4